LE
LAIT DEVANT LES TRIBUNAUX

DU GALACTOMÈTRE OU PÈSE-LAIT

AU POINT DE VUE DES POURSUITES JUDICIAIRES
ET DES PÉNALITÉS ÉDICTÉES
DANS LES RÉGLEMENTS DES FROMAGERIES

PAR

E. MERCIER

Pharmacien de première classe à NANTUA (Ain),
Ex-Pharmacien aide-major des Hôpitaux militaires,
Membre de la Société Française d'Hygiène,
Ancien Inspecteur des Pharmacies,
Ancien Membre du Conseil d'Hygiène et de salubrité
de l'arrondissement de Nantua,
Président de la Société de Pharmacie de l'Ain.

NANTUA

TYPOGRAPHIE D'AUGUSTE ARÈNE

1882

LE LAIT DEVANT LES TRIBUNAUX

LE
LAIT DEVANT LES TRIBUNAUX

DU GALACTOMÈTRE OU PÈSE-LAIT

AU POINT DE VUE DES POURSUITES JUDICIAIRES
ET DES PÉNALITÉS ÉDICTÉES
DANS LES RÈGLEMENTS DES FROMAGERIES

PAR

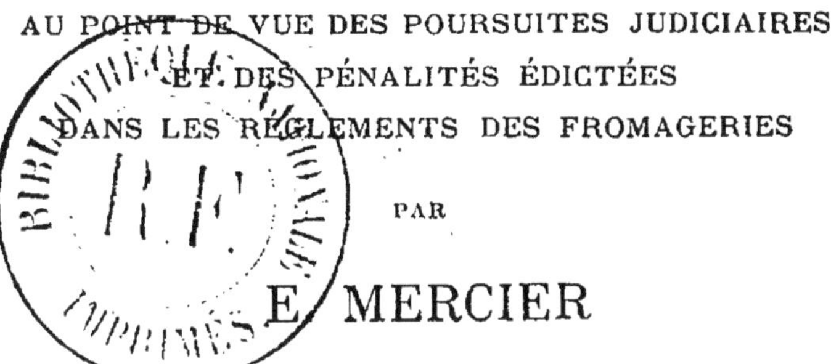

E. MERCIER

Pharmacien de 1re classe à NANTUA (Ain),
Ex-Pharmacien aide-major des Hôpitaux militaires,
Membre de la Société Française d'Hygiène,
Ancien Inspecteur des Pharmacies,
Ancien Membre du Conseil d'Hygiène et de salubrité
de l'arrondissement de Nantua,
Président de la Société de Pharmacie de l'Ain.

NANTUA

TYPOGRAPHIE D'AUGUSTE ARÈNE

1882

LE
LAIT DEVANT LES TRIBUNAUX

Nous empruntons le titre de ce petit travail : LE LAIT DEVANT LES TRIBUNAUX à notre savant et distingué confrère, M. Bonjean, pharmacien à Chambéry. Le journal *La Pharmacie de Lyon* a publié en septembre et octobre 1876 deux remarquables articles de cet honorable praticien sur cette question qui intéresse à un aussi haut degré l'alimentation publique et la probité commerciale. Nous nous proposons à notre tour : 1° de faire une courte étude générale sur le lait, au point de vue de l'hygiène et de la consommation ; 2° d'analyser rapidement le travail de M. Bonjean ; 3° d'étudier l'emploi du galactomètre ou pèse-lait, employé comme moyen de contrôle de la pureté du lait, dans les fromageries si nombreuses dans nos montagnes. Appelé fréquemment, dans notre modeste sphère, à donner notre avis sur la composition chimique de laits soupçonnés de fraudes, nous avons pu voir de près les inconvénients et les dangers d'un instrument auquel on a trop de tendance à décerner un véritable brevet d'infaillibilité. Nous avons surtout à cœur de formuler très nettement notre opinion sur le genre d'autorité et le degré de confiance que l'on doit accorder au pèse-lait au point de vue judiciaire. Nous savons à n'en pas douter qu'il y a des juges ailleurs qu'à Berlin, mais cela ne nous empêcherait pas de déplorer que des décisions de tribunaux pussent intervenir sur des indications fournies par un instrument généralement impropre à dire ce qu'on lui demande, et à signaler d'une manière certaine l'addition d'eau à un lait. En considérant, d'autre part, le respect que l'on doit à la chose jugée — *res judicata pro veritate habetur,* — on comprendra sans peine combien il est essentiel que la religion des magistrats soit parfaitement éclairée sur ce point délicat. Nous ne croyons pas que les foudres oratoires du ministère public et les indications du galactomètre aient été jusqu'à présent à même d'arriver à ce résultat éminemment désirable, et c'est pourquoi nous avons entrepris une tâche dont nous ne nous dissimulons point l'ingratitude. Que si, comme on nous l'a fait observer, il devait résulter de la diffusion de ces idées d'assez graves inconvénients pour la bonne gestion et la surveillance administrative des fromageries, et comme une sorte d'encouragement à la falsification du lait, nous répondrons que cette considération ne saurait nous arrêter, et cela pour deux raisons : la première, c'est qu'il est toujours loisible aux fromageries de changer une manière de faire, vicieuse, selon nous, et la seconde, c'est que mieux vaudrait l'acquittement de dix coupables qui auraient baptisé leur lait, que la condamnation d'un seul innocent !

§ 1ᵉʳ.

La production annuelle du lait en France dépasse cinq milliards quatre cent millions de litres, et la consommation journalière de Paris s'élève à quatre cent cinquante mille litres, ce qui correspond annuellement à plus de cent soixante-quatre millions de litres. Dans la France entière, la production du lait est représentée par près de six millions de vaches laitières, et chaque vache fournissant à peu près en moyenne mille litres de lait par an, on arrive pour le seul lait de vache au chiffre de six millions de kilolitres environ ou de 166 litres par habitant.

Le lait constitue un aliment complet, c'est-à-dire qu'il renferme des composés hydrocarbonés (beurre, sucre); des matières azotées (caséum, albumine); des sels, et une quantité considérable d'eau. Un litre de lait de vache contient en moyenne, en négligeant les fractions :

Eau	870
Beurre	37
Sucre	43
Sels	7
Caséum	30
Albumine	12
	999

Mais bien que le lait entre pour une part notable dans l'alimentation des adultes, il ne saurait leur suffire cependant, au moins dans notre atmosphère, et hors le cas de maladie, des organes digestifs surtout. Mais, par contre, c'est la nourriture nécessaire et souvent sans suppléance possible de l'enfant. Cette destination toute spéciale appelle donc d'une manière particulière la sollicitude de l'hygiène. Or, quelle espèce de lait vend-on le plus souvent dans les grandes villes et même dans certaines localités moins importantes? Est-ce que les maladies et la mortalité des enfants n'ont pas généralement pour cause la dénaturation et la falsification du lait? N'est-ce pas là une des causes les plus aptes à réaliser la misère physiologique? Si l'on réfléchit aussi que l'eau est souvent le véhicule des miasmes et des virus, le lait mélangé d'eau pourra être accusé des mêmes méfaits que l'eau elle-même.

Nous signalerons en passant, sans la vouloir résoudre, la question de la propagation de la tuberculose par le lait, et celle du danger que peut présenter cet aliment fourni par des vaches en puissance d'une maladie spécifique de toute autre nature. D'un autre côté, en raison de son affinité singulière pour les molécules organiques, le lait ne pourrait-il pas quelquefois véhiculer de l'homme à l'homme un principe infectieux ou virulent parfaitement étranger à la vache, mais qui aurait été déposé dans ce liquide par l'atmosphère d'un malade, ou par son entourage, à la faveur des manipulations ordinaires? A cet égard, des faits curieux furent observés en 1879 à Fallowfield, près de Manchester. Dans ce village, 35 personnes réparties dans 24 familles furent atteintes de la scarlatine presque simultanément. Une enquête démontra que toutes les familles visitées par la scarlatine s'approvisionnaient de lait à la même vacherie, et, de plus, que la personne chargée de traire les vaches de cet établissement se trouvait en contact assidu avec un enfant en pleine période de desquamation scarlatineuse.

On peut voir, par ce simple énoncé que nous empruntons, pour la consommation, à M. le professeur Fonssagrives, de Montpellier, et, pour l'hygiène, à un praticien éminent, M. Jules Arnould, de Lille, combien de questions complexes et différentes peuvent se poser au sujet d'un aliment dont l'importance n'a d'égale que celle du pain. L'étendue de ce travail ne nous permet pas de les étudier et force nous est de nous borner à la question du lait *baptisé*, c'est-à-dire additionné d'eau. Ceci nous amène aux deux articles de M. Bonjean, dont nous avons parlé en commençant.

§ 2.

Disons, au préalable, quelques mots du galactomètre. C'est un flotteur ver-

tical en verre, cristal ou métal, dont la
tige porte quatre divisions représentées
par les numéros 1-2-3-4. D'après l'in-
venteur de l'instrument,

le n° 1 indique le lait pur ;
le n° 2 un quart d'eau ;
le n° 3 un tiers d'eau ;
le n° 4 moitié d'eau.

Or, en est-il ainsi dans la pratique ?
Nous allons voir que non. Le galactomètre, tout comme le baromètre qui
indique un changement de pression de
l'air, sans indiquer *nécessairement* pour
cela le beau temps ou la pluie, le galactomètre, disons-nous, accuse sim-
plement, s'il s'enfonce plus ou moins
dans le lait, que ce liquide offre des
densités différentes. A quoi tiennent ces
variations de densité ? Tiennent-elles
fatalement, nécessairement à l'addition
d'eau ? Nullement. Peut-il arriver qu'un
lait dans lequel le galactomètre mar-
quera 3 par exemple, ait été additionné
d'un tiers d'eau ? Oui. Le contraire
peut-il se produire, c'est-à-dire, un lait
pur et naturel peut-il marquer 3 au
galactomètre ? Oui encore. Peut-on manipuler un lait de telle façon qu'après
l'avoir écrémé et additionné d'eau, on
fasse que le galactomètre indiquera 1,
c'est-à-dire lait pur ? Oui. L'étude de la

nature du lait rend très facilement
compte de ces phénomènes contradic-
toires. En effet, la composition du lait
n'est ni fixe, ni invariable, et par conséquent sa densité — seule indication
que donne le galactomètre, ne l'oublions
pas, — sa densité, disons-nous, qui est
l'expression palpable de cette composition, est également très variable. Une
foule de circonstances qu'il serait trop
long d'énumérer (influence du climat,
du milieu, de l'alimentation, etc., etc.),
concourent à la production de ce phé-
nomène indéniable. Il est donc possible,
lorsque le galactomètre accuse dans un
lait les numéros 2-3-4, que ce liquide
ait été falsifié par addition d'eau, mais il
est également possible que ce liquide
soit parfaitement pur et naturel. Qui
donc se chargera de trancher la question et d'indiquer d'une manière certaine la cause de ces densités diverses ?
Seul, un avocat avec son dévouement
classique à la veuve et à l'orphelin, en-
treprendrait — et encore sans illusions
— une tâche aussi impossible ! Nous
disions, tout à l'heure, qu'un lait écrêmé
et additionné d'eau pouvait marquer 1,
c'est-à-dire *lait pur* au galactomètre.
Comment expliquer qu'un instrument
qui peut déjà faire croire faussement à
une addition d'eau dans des laits purs,

ainsi que nous venons de le voir et que l'expérience le démontre, comment expliquer que cet instrument puisse être aussi cruellement mystifié et déclarer *bon pour le service* un lait sans aucune valeur et qui a subi deux manipulations frauduleuses ? C'est encore l'étude de la composition du lait qui va nous expliquer la chose. Les éléments qui entrent dans la constitution du lait influent d'une manière différente et même *opposée* sur sa densité. Les uns (caséum, sucre de lait) l'augmentent ; les autres (beurre, crème) la diminuent. Donc, en enlevant la crème du lait, on le rend plus lourd, mais en le *baptisant*, en l'étendant d'eau, on le rend plus léger, et *pour peu que les deux effets soient habilement compensés*, la densité primitive du lait sera reconstituée artificiellement, et le galactomètre qui n'en peut mais, se trouvera non-seulement en défaut, mais trompera grossièrement son possesseur, en lui faisant prendre pour bon un lait détestable.

Il est donc établi que le galactomètre appliqué à déterminer la bonne ou la mauvaise qualité du lait ne saurait donner à ce point de vue qu'une notion vague et incertaine. Mais il y a mieux.

« La science, écrit M. Bonjean, ne possède-t-elle donc aucun autre moyen de reconnaître l'addition d'eau au lait. » Et il répond sans hésiter, non ! Nous avons vu que le lait à l'état normal contient en moyenne 87 °/₀ d'eau, c'est-à-dire plus des 4 cinquièmes de son poids. Or, en supposant qu'un lait ait été réellement additionné d'eau, comment reconnaîtra-t-on cette *eau d'addition* au sein de ce même liquide, la composition de l'une et de l'autre étant chimiquement la même ? Comment distinguer, si dans une quantité d'eau donnée et fournie par la nature, il y a ou non addition d'eau volontaire ? M. Bonjean est convaincu que le problème est insoluble, et que l'on ne pourra jamais donner à cet égard que des indications approximatives, toujours insuffisantes pour le magistrat qui a besoin d'étayer sa conviction sur des faits matériels, certains, *invariables*. C'est à la Société centrale d'Agriculture de la Savoie, dans sa séance du 3 juin 1865, que M. Bonjean communiqua le mémoire *Le Lait devant les tribunaux* reproduit par la *Pharmacie de Lyon*, et dont nous venons d'entretenir sommairement nos lecteurs. La même année, il adressa au ministre de l'agriculture une copie de ce mémoire renvoyé par le ministre au comité d'hygiène, pour avoir son avis. Les conclusions du rapport de ce comité motivèrent la publication, dans le *Moniteur* d'abord, et dans les principaux journaux de Paris, de la note suivante :

« Par décision de M. le préfet de police, rendue conformément à l'avis du comité d'hygiène, les préposés à l'inspection devront renoncer à l'emploi des appareils usités jusqu'à ce jour, pour apprécier la pauvreté du lait. Les densimètres ont été reconnus impropres à fournir les éléments d'une appréciation exacte. C'est l'analyse seule qui devra désormais être consultée pour déterminer juridiquement la proportion d'eau contenue dans un lait donné. »

Mais qui fera l'analyse ? Sera-ce le commissaire de police qui n'est pas chimiste et qui n'a que quelques minutes pour procéder à une opération qui demande au moins quelques heures ? Et puis, la connaissance d'un seul des éléments du lait, de l'eau, suffira-t-elle pour éclairer la justice. M. Bonjean répond encore par la négative et il conclut en déclarant *qu'aucun instrument, aucune analyse ne sauraient permettre d'affirmer* JURIDIQUEMENT, *si de l'eau a été ajoutée à du lait, la science étant impuissante à constater ce prétendu délit.*

Nous partageons l'opinion de notre honorable confrère, bien qu'elle puisse sembler excessive, et nous la considérons comme absolument justifiée, si l'on a la prétention de dire qu'un lait ne saurait renfermer, sans être taxé de fraude, plus d'une certaine quantité d'eau. La moyenne de ce liquide au sein du lait normal, comme nous l'avons dit tout à l'heure, est de 87 %. Si donc un expert en trouve 89 ou 90 %, pourra-t-il affirmer, en présence d'une différence de quelques cuillerées à café par litre, que le lait qu'il examine a été additionné d'eau ? Evidemment non ! Un chimiste consciencieux et compétent ne se contentera point d'ailleurs, pour porter un jugement éclairé sur un lait quelconque, de savoir uniquement combien ce liquide contient d'eau. La détermination de chacun des éléments du lait lui est indispensable, et son opinion résultera d'une appréciation comparative de toutes les données de l'analyse qui au surplus est une opération délicate et compliquée. Nous trouvons la confirmation de cette manière de voir dans un rapport de M. Boudet au préfet de police, sur les diverses questions posées par ce dernier relativement au commerce du lait. M. Boudet, secrétaire d'une commission choisie dans le comité d'hygiène publique et de salubrité de la Seine, transmit au préfet de police le résultat de ses délibérations dans les termes suivants :

« La Commission est d'avis : 1° que la science est suffisamment fixée sur la composition du lait pur et sur les variations que cette composition peut éprouver suivant les provenances du lait, suivant les saisons, et les diverses causes naturelles qui peuvent la modifier, pour éclairer l'administration sur les mesures à prendre ;

» 2° Que la science possède des moyens certains de constater les fraudes dont le lait peut être l'objet ;

» 3° Qu'elle ne connaît aucun instrument capable d'indiquer *à lui seul* et directement si du lait est pur, ou s'il a été plus ou moins falsifié ;

» 4° Que le lait écrémé est dépouillé ainsi d'une partie du beurre qu'il contient naturellement, et qu'il doit continuer à être considéré comme falsifié, et, comme tel, exclu du commerce loyal ;

» 5° Que la marche adoptée par l'administration pour la répression des fraudes (prélèvement d'échantillons qui sont remis aux chimistes) est la plus simple et la plus rationnelle que l'on puisse suivre aujourd'hui.

» Enfin, la commission croit devoir déclarer qu'elle considère comme un devoir pour les experts chargés de reconnaitre les falsifications du lait de ne prendre aucune conclusion, quand il s'agit d'appeler sur les prévenus les sévérités de la loi, *sans avoir soumis chaque échantillon à une analyse complète,* et sans avoir discuté tous les résultats de cette analyse. »

Les conclusions du savant M. Boudet, bien que datant du 30 avril 1857, n'ont rien perdu de leur valeur et de leur actualité, et elles constituent le guide le plus sûr que l'on puisse suivre dans la question si délicate de l'analyse du lait. Nous allons aborder dans le paragraphe 3ᵉ la méthode généralement suivie dans les fromageries pour l'examen du lait. On pourra se convaincre que le hasard et la fantaisie y jouent souvent, le plus souvent, un rôle prépondérant, et que l'honneur et la bourse des sociétaires pourraient y être exposés d'une manière très grave, étant donné la singularité des réglements qui les régissent, à ce point de vue spécial de l'essai du lait, et l'absence de tout contrôle scientifique et partant sérieux.

§ 3.

Nous devons à une obligeante communication, dont nous témoignons ici à son auteur toute notre gratitude, connaissance des réglements adoptés dans la grande généralité des fromageries. Nous y voyons que les pouvoirs confiés aux administrateurs de ces sociétés se divisent en pouvoirs *ordinaires* et pouvoirs *extraordinaires*. Faisons quelques citations nécessaires :

« Les administrateurs vérifieront par eux-mêmes et par le fromager la quantité de lait que chaque associé doit livrer naturel et exempt de tout mélange. Pour cela, ils emploieront *tous les procédés que l'art, la prudence et la sagesse peuvent suggérer*. Ils dresseront procès-verbal de leurs épreuves qui seront faites au moins par deux d'entre eux chez l'individu dont ils voudront connaître le degré du lait, feront traire ses vaches sous leurs yeux, pour comparer le lait de cette traite à celui qui a été éprouvé antérieurement. Si par suite des différentes épreuves des deux laits, *ils acquièrent la conviction que le pre-*

mier a été falsifié, ils en dresseront procès-verbal et appliqueront les peines portées par le présent réglement. »

Voilà pour les pouvoirs ordinaires. Passons maintenant aux pouvoirs extraordinaires.

« Les administrateurs statuent sans formalités, sans recours à la justice, soit comme conseil de prudhommes et arbitres, soit comme amiables compositeurs, sur toutes les discussions et contestations qui pourraient s'élever entre les associés, concernant leurs intérêts collectifs ou particuliers, relatifs à la fruitière. *Les associés renoncent par le présent acte à toute plainte et recours aux tribunaux par appel, recours en cassation ou requête civile, reconnaissant et acceptant la commission pour arbitre.* Comme toute décision peut être erronée, il pourra y avoir appel de celle des gérants, *non devant les tribunaux ordinaires, les associés renonçant expressément à ce genre d'appel,* mais devant un jury de révision nommé en assemblée générale au scrutin secret, et composé de quatre membres pris parmi les sociétaires en dehors de la commission. La sentence de révision sera rédigée et discutée sous la présidence du maire de la commune qui aura voix délibérative, en présence de l'appelant et du président du comité qui remplira les fonctions de ministère public, et sera entendu contradictoirement avec le réclamant. La décision qui interviendra, prise *séance tenante*, à la majorité des voix, sera *définitive, irrévocable, et exécutée dans toute sa teneur par la commission*

Quant au fruitier :

... « Il éprouvera lui-même le lait des sociétaires, et s'il soupçonne la fraude, il avertira immédiatement les administrateurs. »

Pour les associés :

... « Chaque associé apportera à la fruitière son lait pur, tel qu'il sort du pis de la vache, sans addition d'eau ni d'aucun liquide, et sans soustraction de crème. »

Les pénalités :

« Ce sont l'avertissement, l'amende, les dommages-intérêts, la confiscation, l'expulsion.

» L'introduction d'eau dans le lait pourra donner lieu soit à la confiscation, soit à l'expulsion. »

On peut juger, par ces extraits peut-
être un peu longs mais indispensables à
la clarté de notre thèse, de l'importance
qu'il y a pour les sociétaires des fromageries à ce que l'essai de leur lait
par les administrateurs et le fruitier
soit fait, comme le prescrit le réglement, avec tous les procédés que *l'art,
la sagesse et la prudence peuvent suggérer*. Or, ces procédés si savants, si
sages et si prudents (dans le réglement)
se réduisent généralement dans la pratique à l'emploi du galactomètre et à la
dégustation du lait soupçonné. Nous
ne nions point la valeur de la dégustation, *à titre d'indice*, surtout
quand elle est pratiquée par des gens
exercés, mais nous lui refusons absolument une portée et une signification
quelconques, comme preuve matérielle
de la falsification d'un lait. Quant au
galactomètre, nous estimons qu'il est
inutile d'y revenir et que, comme on dit
au palais, la cause est entendue. Rarement, trop rarement les administrateurs
des fruitières font procéder eux-mêmes à
l'analyse chimique des laits soupçonnés.
Ce sont généralement les propriétaires
du lait incriminé qui ont recours au
chimiste, pour ne pas se laisser con-
damner, au moins sans protester. Nous
avons pu ainsi en sauver quelques uns

et les empêcher d'être flétris du nom de
voleurs, mais pour d'autres, nous nous
sommes heurtés à un mauvais vouloir
évident de la part des commissions, et,
en somme, à une fin de non-recevoir.
Et quand nous avons conseillé aux malheureux ainsi condamnés de se pour-
voir devant la justice et de réclamer des
dommages-intérêts aux administrateurs
des fruitières, on nous a répondu *que
les sociétaires avaient renoncé par
l'acte d'association à toute plainte et
recours aux tribunaux*, et que la décision prise contre eux était *définitive
et irrévocable.* Si l'on veut bien consi-
dérer que cette décision infamante est
basée sur les indications du galactomètre, on n'aura pas de peine à avouer
qu'il y a dans cette manière de procéder quelque chose de monstrueux et de
souverainement immoral, et qui rap-
pelle les *oubliettes* du moyen âge où
l'on enterrait les gens encore vivants.
Et quoi! il est reconnu officiellement,
la science déclare positivement *qu'il
n'existe pas d'instrument capable à lui
seul et directement d'indiquer si du lait
est pur, ou s'il a été plus ou moins falsifié,* et on condamne, on peut condam-
ner tous les jours des innocents, parce
qu'un instrument de cette espèce, c'est-
à-dire sans valeur sérieuse, se sera plus

ou moins enfoncé dans un lait. Si ce n'est pas là une chose inouïe et comme un retour à ce qu'on appelait le *jugement de Dieu,* nous ne savons plus ce que parler veut dire. Et cependant, on a pu voir le ministère public s'agiter dans sa toge, lever les bras au ciel, frapper avec indignation sur son banc, et requérir, en brandissant victorieusement un pèse-lait, l'application de l'article 423 du code pénal contre des malheureux qui s'en retournaient la honte au front et avec l'épithète de voleur attaché à leur nom. Eh bien ! que le ministère public et que les administrateurs des fruitières nous permettent de le leur dire avec toute la déférence qui leur est due : Ce n'est point ainsi que se comprend et que doit s'exercer la fonction tutélaire et protectrice dont ils sont investis. Les représentants de la loi ne doivent pas, ne peuvent pas prêter la main à une injustice aussi criante que celle qui consiste à déclarer un lait falsifié, sur la simple indication du galactomètre.

Nous leur demanderons, en outre, ce qu'ils pensent, au point de vue juridique, des divers articles du réglement des fruitières, que nous avons cités tout à l'heure. Nous n'avons pas la prétention d'empiéter sur le terrain des jurisconsultes, mais nous pensons avec notre simple bon sens que les articles par lesquels les associés déclarent renoncer à tout recours devant les tribunaux, sont nuls et sans valeur, parce qu'ils sont contraires à l'ordre public. Qu'est-ce donc en effet qu'un arbitrage appuyé sur un critérium tel que le galactomètre ? Il y aurait cent jurys de révision que la décision de ces cent jurys sera sans valeur parce qu'elle sera basée sur les indications du pèse-lait, et que cet instrument est incapable de donner aux juges *la conviction de fraude* que le réglement leur impose.

Nous ne méconnaissons point la gravité de ce que nous écrivons à cette place et nous avons hésité longtemps avant de prendre la plume, mais nous ne reculons pas devant ce que nous considérons comme une vérité aussi indiscutable que le jour et la nuit. Nous estimons même qu'il appartient au législateur d'intervenir et de ne pas tolérer plus longtemps entre les sociétaires des fromageries l'existence de conventions aussi dangereuses. Nous sommes en outre persuadé qu'un tribunal saisi de la question que nous soulevons ici n'hésiterait pas à déclarer

que, sur ce point, le réglement des fruitières ne lie point et n'oblige point les
intéressés. Au surplus, entre deux
maux, il faut choisir le moindre, entre
le baptême possible du lait et la condamnation possible d'un non coupable,
il vaut mieux s'exposer au baptême.
C'est du moins notre conviction absolue.

Et maintenant concluons. Convient-il
donc de briser les galactomètres, de dé-
chirer les réglements des fromageries,
de s'arracher les cheveux et de pleurer,
comme Marius, sur les ruines de Car-
thage ? Pas le moins du monde !

Le galactomètre en effet ne mérite :

*Ni cet excès d'honneur, ni cette indi-
gnité.*

S'il expose ceux qui s'en servent
aveuglément à de graves mécomptes, il
peut néanmoins jouer un rôle qui n'est
pas sans valeur, si on le renferme dans
les bornes que la physique lui a assi-
gnées, et si on ne s'obstine pas à le
transformer en accusateur public. Il n'y
a rien de plus utile dans une fromagerie que la connaissance de la densité
du lait qui sert à la fabrication des fro-
mages. Le fromager peut s'assurer ainsi
journellement de la bonne conduite de

l'opération dont il est chargé, et de l'ho-
mogénéité des éléments de la matière
première qu'il est appelé à manipuler.
Si l'on veut nous permettre une com-
paraison qui exprimera bien notre
pensée, nous dirons que le galactomètre doit remplir la mission du chien
de garde dont les allures avertissent le
maître d'avoir à veiller au grain, de la
sentinelle avancée qui apercevant quelque chose de suspect donne l'alarme et
se replie sur le poste. Que l'on veuille
donc, une fois pour toutes, adopter la
marche suivante dans les fromageries :
Quand le galactomètre aura accusé une
densité anormale dans un lait, que ce
lait soit saisi et introduit dans une fiole
cachetée à la cire ; que deux ou plu-
sieurs administrateurs se transportent
chez le propriétaire du lait, fassent
traire ses vaches devant eux, prennent
le degré de ce second lait au galactomètre et l'introduisent également dans
une fiole cachetée à la cire ; puis, que
ces deux échantillons de lait soient
immédiatement remis à un expert chimiste qui en fera une analyse complète
et discutera dans son rapport tous les
résultats de cette analyse. Quand il est
reconnu et avéré qu'un expert ne saurait, en conscience, donner son avis sur
la composition chimique d'un lait, sans

l'avoir soumis à une analyse complète
et discuté les résultats, tous les résultats de cette analyse, peut-on raison-
nablement et équitablement soutenir
que la commission d'une fromagerie est
autorisée par le réglement à se contenter
d'essayer le lait soupçonné au galactomètre ? Le réglement est mauvais et
vicieux ; changez-le donc, et changez-le
avec franchise et résolution ! Et puis,
pas de juridiction spéciale, le droit com-
mun et le recours au tribunaux ! Pas
de ces exécutions en petit comité, de ces
étranglements entre quatre murs, loin
de la lumière du soleil et du souffle vi-
vifiant de la liberté !

Notre tâche est terminée ; mais avant
de quitter la plume, nous demandons
très instamment à ceux qui auront bien
voulu lire ce petit travail de nous accorder le bénéfice des circonstances
atténuantes. Si nous avons porté une
main hardie et brutale sur un procédé
d'essai du lait que nous regardons
comme une odieuse coutume, notre ex-
cuse sera dans la sincérité de nos in-
tentions. Nous n'avons obéi, en écri-
vant ces quelques lignes, qu'à une
passion, celle du droit et de la justice.
Nous les livrons avec confiance au jugement du public, persuadé qu'il les

comprendra et les appréciera à leur juste valeur. Quoi qu'il en soit, d'ailleurs, nous nous contenterons de la satisfaction du devoir accompli, et de la tranquillité d'esprit que donne l'application de la devise : « Fais ce que dois, advienne que pourra ! »

Nous donnons ici, à titre de document, l'extrait suivant du *Journal d'agriculture* :

L'INDUSTRIE LAITIÈRE AU CONCOURS DE GAND

« Les opérations de ce concours ont donné lieu à un rapport très intéressant qui vient d'être publié par M. Chevron, professeur à l'Institut agricole de Gembloux, rapporteur du Jury.

» Pour juger les vaches, au double point de vue de la qualité et de la quantité du lait, on avait établi les règles suivantes : 1° Les vaches seront traites trois fois pendant la journée du concours ; 2° A chaque traite, le produit de chaque vache sera pesé ; 3° On prendra la densité du lait, ce qui permettra d'exprimer le rendement en litres ; 4° On déterminera la teneur pour cent, en crème, du lait fourni à chaque traite par chaque vache, en appliquant la méthode de l'écrémage spontané à la température de l'eau glacée ; 5° Connaissant cette teneur et le produit en lait de chaque animal, il sera facile d'établir son rendement en crème pour l'ensemble des trois traites ; 6° Ce rendement actuel en crème étant connu, le Jury, par l'emploi d'un coefficient approprié, estimera quel devait être le rendement à l'époque du vêlage ; 7° Ce dernier rendement servira de base au classement des vaches participant au concours.

» Nous ne pouvons reproduire tous les tableaux du rapport, mais nous tenons à en faire connaître les conclusions qui se rapportent à l'étude de vaches durham, hollandaises ou flamandes :

» 1° La richesse du lait en crème, et par conséquent en beurre, peut varier du simple au triple. En effet, le lait du n° 31 contient 4,74 p. 100 de crème, celui du n° 74 en contient 15,80 p. 100 (aucun de ces numéros n'a obtenu de prix).

» 2° Le rendement journalier en crème, et pour conséquent en beurre, rapporté pour toutes les vaches, à la même époque de lactation, celle du vêlage, peut varier de 11 litres 228 à 6 litres 113, c'est-à-dire du simple au quintuple.

» 3° Dans l'immense majorité des cas, la densité de la première traite est supérieure à celle des deux traites suivantes.

» 4° La densité du lait a oscillé entre 1026,3 (vache hollandaise) et 1038,1 (vache durham non primée).

» M. Chevron ajoute que, sur 168 échantillons de lait examinés, 25 ont présenté une densité inférieure à 1029.

» Ce sont des laits qui, d'après les échelles des expertises densimétriques, auraient été soupçonnés d'avoir reçu une addition d'eau. A l'examen de la densité, il faut donc joindre celui de la proportion de la crème ; mais il peut y avoir ici encore indécision, car certains laits, incontestablement purs, n'ont pas donné, à Gand, 5 p. 100 de crème.

» Ces constatations prouvent une fois de plus combien le lait est un produit variable, et elles établissent péremptoirement combien il est difficile, dans beaucoup de cas, de se prononcer sur sa pureté réelle. »

Transcrivons, en dernier lieu, les conclusions d'un travail tout récent de M. le docteur Esbach, chef de laboratoire à l'hôpital Necker, qui s'exprime ainsi :

« En ce qui concerne la vérification

du lait de consommation, nous conclurons que, en aucun cas, un expert ne peut dire si un lait est bon ou mauvais en jugeant d'après sa richesse d'ensemble ou la proportion de ses éléments.

» Ne tranchons pas avec des chiffres ce que le physiologiste et le clinicien, qui observent les faits, ne résoudront pas sans difficulté.

» Mais l'expert peut dire si l'échantillon qu'on lui a remis est riche ou pauvre, d'ensemble ou de certains éléments. S'il est bien intentionné, il mentionnera la cause d'erreur relative au beurre et qui dépend de la manière de puiser le lait dans les boîtes ; enfin que le lait de la boîte voisine ou d'une autre boîte peut être très-différent.

» A côté de cela, il mentionnera les falsifications par introduction d'éléments étrangers, nuisibles ou non nuisibles.

» Quant à l'addition d'eau, quant aux proportions d'éléments, qu'il se réserve pour les cas où le fait est bien incontestable et qu'il se garde d'assigner des *limites officielles* aux fantaisies que la nature se permet. Plus d'un négociant innocent a dû courber la tête, n'osant entreprendre la lutte du pot de terre contre le pot de fer ; c'est ce qu'il faut savoir éviter. »

www.ingramcontent.com/pod-product-compliance
Ingram Content Group UK Ltd.
Pitfield, Milton Keynes, MK11 3LW, UK
UKHW020043080726
13614UKWH00004B/1920